Amando

Cada

Día

REFLEXIONES ACERCA DEL ESPÍRITU INTERNO

LIBROS POR JOHN-ROGER

Abundancia y Conciencia Superior
Despertar dentro de la luz
Baraka
Viajes durante los sueños
Drogas
La Dinámica del Ser Básico
Perdonar: la llave del reino
Dios es tu Socio
Mundos Internos de la Meditación
Amando Cada Día para Papás y Mamás
Manual para el uso de la luz
Pasaje dentro del espíritu
Posesiones, proyecciones y entidades
Preguntas y respuestas del corazón
Relaciones: el arte de hacer funcionar la vida
El espíritu, el sexo y tú
El Guerrero Espiritual: el arte de vivir
con espiritualidad
El Cristo Interno y los discípulos de Cristo con el
calendario del Cristo Cósmico
La Conciencia del Alma
El Camino de un alma
El sendero a la maestría
La fuente de tu poder

La familia espiritual
La promesa espiritual
El Tao del Espíritu
El camino de salida
Caminando con el Señor
Momentum: dejar que el amor guíe
Amando cada día para hacedores de paz

Para mayores informes, por favor contáctese con:
Mandeville Press - P.O. Box 513935, Los Angeles,
CA 900511-1935 - EE.UU. 323-737-4055
jrbooks@mandevillepress.org
www.mandevillepress.org
soul@msia.org
www.msia.org

Amando

Cada

Día

REFLEXIONES ACERCA DEL ESPÍRITU INTERNO

Por John-Roger

Autor que ha ocupado el primer lugar en la lista
de éxitos editoriales del New York Times.
Autor de El Guerrero Espiritual
y de *Momentum: dejar que el amor guíe.*

MANDEVILLE PRESS
Los Angeles, California

Amando Cada Día

M
MANDEVILLE PRESS
Los Angeles, California, EE.UU.

Título original en inglés: Loving Each Day © 2001
Reservados todos los derechos, incluídos el de reproducción
parcial o total en caualquier forma.

Mandeville Press
PO Box 513935
Los Angeles, CA 90051-1935 EE.UU.
alma@msia.org
1 800 846 1586

Impreso en Colombia por GRAFIMPRESOS QUINTEROS

ISBN: 0-914829-82-3
        978-0-914829-82-9

Introducción

principios de los años 1980, se hizo publica la edición de bolsillo de un libro pequeño. No causó gran estruendo pero si causó gran impresión. Aunque se vendió muy rápido, hasta agotar existencias, y no se hicieron planes para volverlo a imprimir. Sin embargo, a lo largo del tiempo, la demanda del libro no cedió. De hecho en lugar de menguarse, aumentó.

Con la expansión de la Internet, la idea tras el libro se tomó y se llevó a cabo la emisión de un mensaje gratis, diario, únicamente por suscripción, llamado así a partir del título del libro. Aunque se ha tornado sumamente popular, nunca reemplazó el deseo del libro. Al contrario: lo aumentó. Así es que, este maravilloso y pequeño gran libro, *Amando Cada Día*, se volvió a imprimir.

Amando Cada Día es una de esas joyas que se puede utilizar para edificación e inspiración de maneras incontables. Tenlo junto a tu mesita de noche y ábrelo al azar cuando te despiertes para encontrar un tópico para el día. Ponlo en la mesa de centro de tu sala, para tener una dosis de inspiración cuando tus invitados lo precisen, o lee una página al día, tan sólo por el placer de hacerlo.

Como sea que hagas uso de este libro, seguramente encontrarás que sus páginas transmiten a tu corazón júbilo y alegría.

*P*ara aprender el secreto de La Trascendencia del Alma, busca únicamente lo bueno, lo Divino en la gente y todas las cosas, y todo el resto déjaselo a Dios.

*E*sta nueva era de amor viviente se manifiesta
cada vez que te adentras en el amor del corazón
espiritual.

*E*l mensaje de la época es que el Amor de Dios se manifiesta aquí y ahora, dentro de todos.

Cuando ves lo positivo en todas las cosas, cuando prestas servicio a ti mismo y a otros, cuando te esmeras siempre para edificarte a ti y a los demás, eres amor viviente.

L a energía de amor viviente puede darte valentía y esperanza; puede renovar la fe de todos a tu alrededor. Encuentra ese centro de amor viviente y da a partir de dicho ámbito.

*C*uando te adentras en tu corazón y manifiestas el amor, has cumplido todas las leyes, todas las profecías y todas las escrituras. Has manifestado tu divinidad para que todos la vean.

*C*uando te despiertas a tu propia Conciencia Crística, tu propia Conciencia del Alma, amarás libremente, vivirás libremente, amarás a partir del corazón amoroso. Serás amor viviente.

*T*ienes que ubicarte, activamente, en la posición para recibir lo que quieres.

Cuando estás en un estado de cooperación,
tu actitud es de júbilo, entusiasmo y abundancia.

*C*ompleta los proyectos que comiences, cumple los compromisos que has hecho, cumple las promesas que has hecho.

E stablece metas altas y prosíguelas. No dejes que nadie ni nada te detracte. Crea para ti mismo únicamente las mejores cosas.

*A*traes hacia ti aquello en lo que te enfocas, así que tiene sentido enfocarte en lo mejor, en lo más elevado que conozcas.

$\mathcal{E}$ s importante tomar responsabilidad por tus actos. Se torna más y más difícil endilgarle tus problemas a alguien más y decir: "Tienes la culpa de mi miseria". No: tu miseria es únicamente elección tuya. Tu júbilo es también tu elección.

*E*l amor te cuidará. El amor es la luz guía dentro de ti. El alma es amor puro.

$\mathcal{L}$ legará el día en que recibirás la Luz divina y lo sabrás en tu conciencia. Recibirás tu propio despertamiento y dirás: "Ya soy aquello de lo cual hablas. Soy el amor del cual hablas".

$\mathcal{M}$anifiesta el amar en todo lo que hagas. Cuando trabajes, trabaja amando. Cuando juegues, juega amando. Cuando toques a alguien, toca amando. Y cuando hables, habla amando, ya que el amor es el sonido del Alma.

*E*se destello en el ojo, esa sonrisa en el rostro, esa toma de conciencia que dice: "Se que estás aquí, puedo verte", ¡eso es amor viviente!

$\mathcal{E}$n tanto te enfoques en el mundo externo, habrás de ver desequilibrio y malestar. No hay necesidad de que residas en ello; hay un lugar adentro de ti en el cual reside la serenidad.

*D*ios habla a aquellos que viven en el corazón espiritual. Crea palabras de armonía y amor. Crea pensamientos que sean dignos de la divinidad dentro de ti. Crea el "amar" que pueda manifestarse donde sea, cuando sea. Camina con El Bienamado y tan sólo sé uno con todo ello.

*C*uando te elevas lo suficiente en la conciencia de Dios, todos tienen el mismo nombre. Ese nombre es *amor.*

*P*ractica encontrar el amor viviente dentro de ti antes de buscar afuera.

P uedes abolirte de tus limitaciones al sacrificar cada una de ellas.

*C*uando eres libre, no tienes que demostrarlo.

C uídate para que puedas ayudar a cuidar a los demás.

*T*odos somos guardianes de nuestros hermanos, pero no como guardianes de la cárcel. Mantenemos libres a nuestros hermanos al permitirles la experiencia individual de su propia vida, de la manera en que la vean.

    *L*a verdadera libertad consiste en expresarte libremente y permitirles a los demás la misma libertad.

El acto perturbador crea karma. La reacción perturbadora perpetra el karma. Cuando cambies el acto perturbador en acto de amor y la reacción perturbadora en aceptación y comprensión, podrás experimentar amor, júbilo, paz y plenitud. Esos atributos divinos ayudan a mantener la armonía de la creación de Dios.

En la conciencia total de Uno, te das cuenta que este cuerpo es todos los cuerpos, que este corazón es todos los corazones, que este amor es todos los amores, que este Dios es todos los Dioses, y en ello, tenemos nuestro vivir y respirar, nuestro ir y venir, nuestra muerte y resurrección.

$\mathcal{D}$ios nos ha dado la vida: la mercancía más valiosa de todas, y, entonces, nos dijo: "Haz lo que quieras".

L a vida es toma de conciencia. La vida es amor.

$\mathcal{H}$ay sólo una realidad: aquello que es el corazón, aquello que es el Alma, aquello que es Dios, aquello que *es*.

*T*odos van a lograr entrar en la alta conciencia de Dios mediante el corazón espiritual.

En el Cristo reside la protección espiritual. Y Cristo reside en tu corazón espiritual.

*T*u cuerpo es un templo, en este ámbito, para la conciencia que es la más alta.

D ios es amor viviente. Para ir a Dios, debes ser amor viviente, y luego también tú eres Dios.

*N*o puedes divorciarte o separarte de aquello que verdaderamente eres.

$\mathcal{L}$ a verdad está dentro de ti. Dios está dentro de ti. El amor está dentro de ti.

C uando acudes al corazón espiritual para tu plenitud, cuando te tornes puro de corazón, cuando dejes que hable el corazón espiritual, cuando amas, entonces el cuerpo, mente y emociones te seguirán y expresas amor total.

*O*cúpate ahora y haz las cosas que te traerán
el honor y la gloria que son tuyos.

C reamos de nuevo todos los días al fluir con
lo que está presente.

$\mathcal{P}$arte de tu trabajo es crear el entorno más perfecto para ti, y para los demás cuando vengan a tu presencia.

El amor viviente no sabe herir, dañar o trabar.
El amor viviente edifica.

*C*uando das de la conciencia de amor viviente y servicio, recibirás a cambio todo lo que des, y más aún.

T odo es ahora. Este es el momento en la eternidad de Dios: ahora mismo. Se va al pasado y al futuro, pero todo es ahora. No hay lugar del que puedas pensar o estar en que no estés dentro de la eternidad.

*E*l hogar es donde el Espíritu del Cristo reina eternamente y eso está en el corazón espiritual.

*D*onde haya amor, habrás encontrado ahí el hogar.

$\mathcal{R}$esides, siempre, en el corazón de Dios.

$\mathcal{D}$ ios es el amante perfecto. Todo lo demás es imperfecto, y, aún así, perfecto porque forma parte de Dios. Alguna parte es siempre perfecta, algún pensamiento es siempre majestuoso, alguna obra es siempre caritativa.

*C*uando te pongas en una conciencia amorosa para con todas las cosas, la paz y la armonía te envolverán el corazón y reconocerás dentro de cada ámbito de tu ser que sólo hay amor.

$\mathcal{D}$a del corazón espiritual y te sorprenderá como el Espíritu.

$\mathcal{E}$ s un desafío tomar lo que ha sido tu dolor, tu rabia, tu pena y usarlos como escalones para ascender más alto en tu libertad espiritual.

*C*omo Dios en manifestación, eres responsable por lo que creas.

E l alma se atrae la esencia positiva: verdad, amor, júbilo, paz y plenitud.

$\mathcal{A}$ las expresiones negativas que perturban la creación las recicla la ley de causa y efecto, acción y reacción, hasta que la conciencia se equilibra mediante la aceptación y el entendimiento.

$\mathcal{E}$xperimentas amor para tornarte en amor.
Experimentas Luz para tornarte en Luz.

$\mathcal{T}$ienes que tener la inocencia de un niño para entrar al Reino del Cielo.

*E*l valor de cada experiencia está en entender y crecer.

Que el amor sea la estrella que te guíe. Que sea tu aliento. Luego vive en el corazón de Dios. Todas las cosas se renuevan y Dios está presente, personalmente, todo el tiempo.

$\mathcal{E}$l Alma es vida y brinda salud. Aunque los cuerpos mental, emocional y físico podrán sufrir negatividad, dolor y malestar, el Alma puede continuamente revivirlos y sanarlos.

*E*l Espíritu te presenta oportunidad infinita.

*T*u principal dirección es entender tu propio ser. Ese es un trabajo de tiempo completo.

S é devoto contigo mismo.

B usca dentro de ti, pregunta dentro de ti para encontrar respuestas.

*T*u propio consejero interno es tu revelador.

$\mathcal{E}$ l amor viviente no es sólo amor proveniente de un lugar en lo profundo de ti, sino amor viviente en cada aliento. Cuando inspiras, el amor inspira. Y cuando espiras, el amor espira.

*C*ada corazón despierta un poco más al confiar en sí.

$\mathcal{L}$as personas que tienen la fortuna de experimentar amor, son, en verdad, santos. Las personas que tienen la fortuna de expresar amor son los avatares de la época.

*C*uando eres amoroso, tienes la conciencia del Yo presente.

*D*ios es el instigador; el Viajero es el remitente; el Humano es el destinatario; el Cristo interno es el que decide; y tú, concientemente, eres el que completa.

$\mathcal{L}$ a ignorancia es un pecado: el único pecado. Cuando llegas al entendimiento, la ignorancia cede y cambias automáticamente.

I ncondicionalmente ama todas las cosas.

Cuando te den ganas de decirle a alguien sus verdades, dales, en lugar de eso, tu corazón; dales amor.

E l Bienamado se yergue contigo y te da amor.

*E*res amor divino. Eres amor viviente.

*S*iempre usa el amor de todas formas.

*H*ay una sola mente y esa es la mente de Dios.
Hay un solo amor y ese es el amor de Dios.

Cuando hablas de Dios, te sintonizas con Dios.

C ava profundo en el manantial del amor y compártelo. El suministro es infinito.

*C*ualquiera que resida en el poder del amor nunca será destruido, nunca será separado, siempre libre, siempre en ascenso, siempre creciendo.

*E*l amor está viviendo en el corazón espiritual.

*C*uando vienes al corazón espiritual, te encuentras en el centro de todo el ser. En ese punto, resides en el ápice del tiempo y todas las cosas se te entregan.

Cuando te tornas uno con la vida, las hojas de los árboles mismas son las escrituras de la naturaleza. El rostro que ves es la escritura de tu propio ser. El aura a tu alrededor es la escritura de tu mente y emociones y, con frecuencia, de tu propia espiritualidad. El Alma misma está viendo la faz de Dios en el mundo físico.

*D*ios ve únicamente perfección.

$\mathcal{D}$ios podrá tener tamaños, forma o maneras distintas. Pero todo es Dios. Todo es amor divino manifestado.

*D*ios ama a toda su creación.

S i te esfuerzas por conseguir la perfección, el trabajo que has comenzado será terminado por el Cristo.

$\mathcal{A}$l ejercitar tu libertad, aprendes a ser responsable por lo que has creado y, por ende, tu propia experiencia te educa.

$\mathcal{E}$s tu elección determinar el nivel de tu experiencia.

$\mathcal{N}$unca te será dado algo que no puedas manejar.

S i algo parece ser un bloqueo, entonces puede ser un escalón. Toda la fuerza que te detiene puede cambiarse para elevarte.

L a única forma de crecer es crecer. Es más fácil si eliges crecer de buena voluntad, a sabiendas, con aceptación, entusiasmo, entendimiento y cooperación.

S i no aprendes algo cada día, ¿qué estás haciendo entonces?

*D*ebes ser el maestro para el nivel debajo de ti, un trabajador competente en el nivel que te encuentras y un estudiante en el nivel arriba de ti; entonces, puedes avanzar en tu conciencia espiritual.

¿ Puedes en verdad decir: "Soy la Luz, La verdad, El Camino?" Si no dices eso, no dices una verdad del todo.

*P*on la Luz alrededor del mundo. Pide vivir cada momento en la conciencia de la Luz y ser la Luz.

Cuando haces el trabajo del padre, haces todo perfectamente.

$\mathcal{L}$ a disposición a hacer crea la habilidad para hacer.

S i ves con profundidad a la gente, verás algo muy majestuoso.

E l amor divino se le da a todos, tal como el sol brilla para todos.

Eres la Luz. Dirígete a lo Divino. Mira a través de los ojos del Maestro y verás lo que hay allí para ti.

$\mathcal{L}$ a presencia del amor divino adentro del Maestro agitará la presencia del amor divino adentro de ti.

*P*uedes comenzar a encontrar tu propio amor divino cuando empiezas a amar a otros. Pero eso no cuenta hasta que puedas amarte.

E l regalo más preciado es el regalo del Yo. El retorno más valioso es el retorno del Yo.

A mar puede curarlo todo.

$\mathcal{A}$ mar es el acto, manifestación, movimiento de la conciencia de dar.

C uando cantas desde el centro de tu ser, cantas una canción celestial.

L a Luz del Alma emana desde el centro de tu ser como amor viviente.

Por naturaleza el alma es no-infrictiva; el Alma es gozosa. El Alma es un río divino que proviene del Océano Infinito de Amor y Misericordia.

$\mathcal{A}$ ntes de que expreses el poder del amor, debes primero estar en silencio para encontrar lo que es el amor.

C uando amas, vives. Cuando vives, Dios derrocha sus energías a través de ti al mundo.

L a tierra santa se encuentra donde sea que el amor divino se manifieste. Donde sea que demuestres la conciencia del amor, esa tierra se torna sagrada y santa.

*E*l hogar es donde el Espíritu de Cristo reina
eternamente y eso es dentro del corazón amoroso.

L a Luz del corazón, la Luz del Alma, la Luz del Cristo, la Luz de Dios. Eso está en todo.

L as cosas espirituales son las cosas invisibles y perdurarán por siempre.

Ninguna alma va a perderse.

S iempre moras en el corazón de Dios.

$\mathcal{L}$uz: Vivir en los santos pensamientos de Dios.

*D*ios reside en el reino del cielo y el cielo está aquí, ahora.

El que estamos esperando y El que hemos estado buscando, ya está aquí y ha estado aquí por mucho tiempo. Eres tú el ser espiritual que has estado buscando encontrar.

L legará la hora en que en el Alma de todos en este planeta recibirá la luz divina y lo sabrá.

*E*l juego se trata de que estés dispuesto a participar en tu vida.

*H*ay un guía dentro de ti, un gran consejero, una Luz guía. Dios está presente, trabajando en ti como tú, alejando tu conciencia de las distracciones del mundo para regresarla hacia dentro de la toma de conciencia del Espíritu.

$\mathcal{E}$ s posible que asciendas de tu actual nivel de conciencia hacia dentro de niveles de conciencia mayores.

*P*ensar acerca de algo no lo hace.
Sentirlo, tampoco lo hace.
Fantasear acerca de algo tampoco lo hace.
Hacerlo lo logra.

Cuando puedas permitirle a la gente expresar su Luz a su manera, cumplir su destino y caminar el sendero al tambor que escucha, entonces, en esencia, estarás haciendo lo mismo que Dios hace: permitirles la libertad de su propia expresión.

T odo lo que quieras ser ya eres. Todo lo que tienes que hacer es ubicar tu conciencia ahí y reconocer la realidad de tu propia Alma.

$\mathcal{L}$a integridad es el indicador en el mundo físico de la espiritualidad.

*T*e pusieron aquí con algo especial adentro: la habilidad de contactar al Espíritu interno.

*T*u trabajo es despertar a los ámbitos dentro de ti que están dormidos, despertar a la conciencia de amor, Luz y Sonido.

C uando vives en el ahora, puedes lograr mucho más que cuando tratas de vivir en el pasado o el futuro.

$\mathcal{A}$ma a Dios con todo tu corazón. Ámate con la misma devoción. Ama a todo el que llegue a ti como amas a Dios.

L a espiritualidad es la expresión más natural del mundo. Es tu naturaleza verdadera y permanente.

No hay lugar al que pudieses ir en el que no estuvieses en el cuerpo de Dios: ninguna parte. No hay lugar que pudieras imaginar en el que no estás dentro de esta frecuencia del Espíritu. Aún en tu momento más oscuro, estás aún en el cuerpo de Dios, una porción del Espíritu.

$\mathcal{T}$ienes una responsabilidad de ser amoroso.

S abiduría es usar las cosas que te funcionan, por el tiempo que te funcionen y dejar ir aquellas cosas que no te estén funcionando.

$\mathcal{A}$ quellos que se sientan tranquilamente en el silencio que ruge el nombre del Señor y hacen los trabajos más mundanos en amor y devoción, en verdad, están desempeñando un servicio hermoso que Dios ve como algo muy grande.

M ediante practicar la canción de amor, que son los ejercicios espirituales, despiertas a quien eres verdaderamente.

*P*ara discernir el Espíritu, debes sintonizarte al Espíritu y a aquellos que conozcan al Espíritu.

H ay una sola clave. Hay realmente sólo una ley, y esa es la ley del amor.

A mar es el único canal para la comunicación clara.

L a familia es la base de la sociedad. El amor es la base de la familia. Dios es la base del amor.

*T*odas tus relaciones residen adentro de ti. En última instancia, cada relación que tengas con otra persona refleja tu relación contigo mismo.

*T*u relación primordial es para con tu propia Alma. Si eso está claro, entonces todo lo demás le seguirá.

¿Cómo manejas el miedo, la inseguridad y la rabia cuando llegan a tu conciencia?
Ve adentro del teatro de la mente y ten la visión de ti mismo en posibilidades de pensar y planear inteligentemente.

*S*ólo siéntate con el proceso amoroso dentro de ti porque la recompensa de un corazón abierto y amoroso es exactamente eso.

*L*os sentimientos de desaliento y deses-
peración pueden entrar cuando no te estás dando
cuenta de quién eres realmente.

$\mathcal{A}$l crear expectativas de la gente o situaciones, al crear opiniones de lo que debería o no suceder contigo y otros, creas tus dilemas.

No tengas miedo de ser quien eres. Permítete la dignidad de tu propio amor.

*A*quello que hiciste que crees que es tan terrible, que hay que ocultarlo del mundo, no te pasa sólo a ti. El Maestro Interno conoce esos secretos más íntimos y te ama plenamente. Estas cosas son pequeñeces de los planos inferiores. Significan muy poco en El Espíritu.

E ntre más pureza puedas percibir, más podrás añadir a la gloria de la Luz que manifiestas.

S i quieres ser optimista, si quieres que tus energías sean edificantes, si quieres llevar a cabo tu potencial mayor de júbilo y plenitud, entonces tienes que prometerte que de este momento en adelante, te tornarás más y más conciente de lo que estás haciendo ahora.

*E*res más grande que cualquier problema y tienes las llaves para resolver todos los problemas.

En realidad, no ganas o pierdes en los juegos de la vida. El proceso se trata de completar y cumplir, de lograr el dominio y, por ende, elevarte a planos de conciencia mayores.

*T*rae tu conciencia en línea con la verdadera idea de servicio al servir con amor y júbilo.

$\mathcal{E}$ s importante que hagas lo que sea necesario para sobreponerte a tus obstáculos. Puedes vivir de fe y creencias, pero no son sustitutos para llegar a la maestría, para desarrollar la habilidad de lograr.

S i buscas el reino del cielo, lo vas a encontrar;
si no lo buscas, lo vas a encontrar en todo caso.
Es sólo que te va a tomar un poco más de tiempo.

*T*odos somos extensiones de Dios y al ser extensiones, todos somos Dios expresándose en algún nivel.

*S*in importar lo que suceda, siempre sigues avanzando a la siguiente cosa. Si estás en una ilusión, atraviésala. Si estás en la verdad, dirígete a verdades mayores.

$\mathcal{H}$ ay sólo una conciencia y es la conciencia de Dios.

El objeto del juego de la vida no es necesariamente ganar, sino dominar el juego y luego elevarse más allá de él.

$\mathcal{E}$ lige sabiamente con quién te has de asociar. Escoge gente que esté viendo en la dirección que quieras ir. Pasa tiempo con gente que también mantenga los ojos en el Señor.

$\mathcal{E}$ l cuerpo físico es sólo una expresión de ti;
también te expresas en muchos otros ámbitos.

*T*ienes un yo verdadero del cual quizá no siempre te des cuenta. El yo verdadero es la chispa divina interna, el Alma, aquello que realmente eres.

Podrás no saber lo que el Alma es; podrás no estar en posibilidades de definirle o etiquetarle, pero *eres* eso. Tu esencia es el Alma.

Cuando puedas abordar toda experiencia abierta, honesta y amorosamente, manteniendo tu centro al decir: "Sé que todas las cosas son para mi aprendizaje y edificación", entonces podrás trabajar con todas las posibilidades. También podrás elegir no experimentar algo porque eres libre en tu conciencia y expresión.

$\mathcal{E}$n tu libertad, ejercita la sabiduría. Abstente de demostrar tu toma de conciencia y permitirle a otra gente llegar a la suya de manera natural, a su propio ritmo.

C uando algo te funcione, úsalo. Si encuentras que no te funciona, o cuando algo que solía funcionarte deja de hacerlo, ten el ingenio de dejarlo de lado.

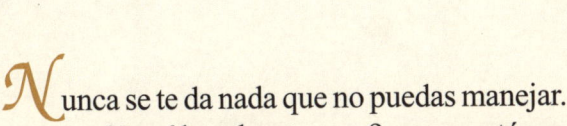

unca se te da nada que no puedas manejar.

—¿Y qué hay de esta cosa?—pregunté una vez.

—Aún existes—me respondieron.

—Sí—dije yo.

—Entonces, lo manejaste—me dijeron.

Dios jamás te dará algo que El no pueda manejar.

$\mathcal{D}$ ependiendo de cómo dirijas tu conciencia, puedes utilizar cualquier cosa que te llegue como un obstáculo o como un escalón. Puedes usar todo para tu avance cuando lo ves con una conciencia positiva.

L a depresión es una imagen falsa. El yo verdadero, la imagen verdadera, el Alma, es positiva. Es el Espíritu interno como una extensión del Dios supremo. El Alma es perfecta. Representa el júbilo, el amor y la armonía.

*D*ios no te ha puesto en La Tierra para ser un mendigo. Te dio todo lo que podrás necesitar.

$\mathcal{N}$o eres un mendigo a menos que elijas expresar esa conciencia. Tienes elecciones libres. Cual sea tu voluntad, la tendrás.

Como das, recibes. Si das mucho, recibes mucho. Si das poco, eso es todo lo que obtendrás.

*P*odrás estar solo físicamente, pero nunca estás solo espiritualmente. Cuando alcanzas los planos superiores de conciencia, a las zonas positivas del Espíritu, tendrás conocimiento de tu unidad con todo y todos. No hay separación.

$\mathcal{Y}$a eres espiritual. No tienes que tratar de ser lo que ya eres.

*E*s fácil cumplir las profecías de Jesús, porque cuando te diriges hacia la expresión del Cristo, tienes a la Conciencia de Cristo de tu parte.

D ate cuenta que todo es tuyo y que no puedes usarlo todo de una vez. Tu suministro siempre está aquí. Siempre lo ha estado, lo está ahora y siempre lo estará.

Cuando la gente dice cosas para herirte o enojarte, no tienes que pelear. No tienes que hacer nada. Deja que se diviertan. Sencillamente dirígete dentro de la conciencia que quieras tener.

*P*uedes tener todo el conocimiento. Podrás no saber, concientemente, todo de una vez, pero sea lo que fuere a lo que dirijas tu atención, podrás saberlo.

Nadie puede ser Dios pero todos podemos ser compañeros de trabajo. No puedes tornarte en Dios, pero puedes ser uno con Dios. Estamos juntos como uno, al tiempo que mantenemos nuestra individualidad. Todo lo que tienes que hacer es asumir esta conciencia. La ley de la Asunción es una ley espiritual y tendrás la Conciencia de Dios si comienzas a asumirla.

$\mathcal{A}$l pedir la Luz, trabaja con La Luz y empieza a asumir que eres la Luz, te tornas en La Luz.

*P*uedes usar todo para tu avance si lo usas
con la conciencia positiva.

Nadie puede crearte una ilusión más que tú y nadie puede liberarte de una ilusión más que tú.

*H*az que toda expresión sea un campo de entrenamiento, no un fin en sí misma.

$\mathcal{M}$antén imágenes positivas en la mente.

$\mathcal{D}$ate cuenta de tu verdadero yo: eso es todo lo que es necesario.

*E*l deseo (aún el deseo de Dios) produce resistencia, y la resistencia bloquea el proceso de La Trascendencia del Alma. No hay resistencia en la conciencia de Dios. Se fluye únicamente.

Suelta y sé quien eres: un ser divino que trabaja aquí para expresar un grado mayor de conciencia creativa y amorosa.

Cuando liberas tu deseo de algo, se va tu infelicidad. Cuando liberas tu preocupación respecto de lo que alguien más piense de algo, tu preocupación al respecto se va. Al darte cuenta de que no puedes manejar la vida de otra gente, tu preocupación acerca de ellos se va. Y cuando te das cuenta de que puedes manejar tu vida, tu felicidad aumenta.

S acrifica tus deseos. Cuando se vayan, todo lo que queda es tu verdadero ser, lo cual es todo y nada.

*P*on cosas en La Luz para que se equilibren y despejen.

*L*a Luz es maravillosa; tú eres maravilloso también, porque tienes el ingenio de mirar un aspecto y decir: "Esto me causa problemas". Se requiere valentía para alejarse de la cosa familiar que no te está funcionando, rumbo a la cosa no familiar en donde podrás encontrar tu felicidad eterna.

$\mathcal{L}$a felicidad es un territorio neutral en el cual no tienes deseos. No tienes altas, ni bajas. Tienes un punto alto, pero éste continúa. No hablas de las altas y bajas. Hablas de la progresión eterna. Y en el silencio que ruge el nombre de la Luz y el Sonido de Dios, sigues adelante en mayor tranquilidad.

*E*s tu actitud hacia lo que estás haciendo lo que cuenta; no sólo lo que estás haciendo, sino tu actitud al respecto.

*E*l deseo no es lo que el corazón quiere. El corazón quiere satisfacción, serenidad, una clase de fluir a través de la vida como una corriente que fluye en su ruta hacia el océano. Estás fluyendo en la corriente de Luz y Sonido, rumbo a este gran océano de amor. No puedes salirte. Puedes dirigirte un largo trayecto hacia la periferia, pero igual sigues avanzando. Y todo el mundo va a lograr volver al océano, volver al corazón de Dios.

El amor viviente significa que tu amor se extiende incondicionalmente a todos los seres. Amas todo y a todos los presentes, sin excepciones.

*C*ada vez que puedas ver una faceta de tu infelicidad y ver cómo puede cambiarse, te acercas más a la realización de tu divinidad.

*S*ólo importa el amor, el amor puro, el amor incondicional que está sencillamente presente como el ser de Dios.

Una vez que reconozcas la esencia de Dios adentro de ti y dentro de todos, puedes avanzar por la vida en un estado más neutral.

S é feliz y libre en tu relación contigo mismo.

L a mejor actitud es simplemente vivir en el ahora, hacer lo mejor que puedas con las habilidades y talentos actuales y dejar que tus actos hablen por sí solos. Eso requiere comprensión y toma de conciencia. También requiere amor y respeto por el ser. Con ello llega la libertad, una sensación de merecimiento y una seguridad y serenidad internas que lo valen todo.

L a conciencia del amor puede curar cualquier cosa.

$\mathcal{L}$a progresión espiritual es un proceso continuo de dejar atrás los patrones viejos, familiares y aventurarse a lo nuevo.

$\mathcal{A}$l darte cuenta de que no hay razón para esconder lo que para ti es verdad, te encontrarás viviendo una vida de integridad, una vida de amor. Al hacerlo, te abres a la experiencia interna de amar y de libertad que trasciende las palabras.

*V*e adentro para tu felicidad y plenitud.

$\mathcal{D}$escubre dónde puedes asistir en lugar de interferir. La asistencia es una muy bella forma de amar.

No trates de controlar a la gente. Sólo deja que se desenvuelvan como quieran. Es bello sentarse con los demás y que te empiecen a contar de sí mismos. El apoyo estriba en escuchar y oírles abrirse ante ti poco a poco, mientras permaneces libre de juicios o de opiniones preconcebidas acerca de lo qué deberían ser o dejar de ser.

La persona que te entiende mejor, que te cuida más, que puede hacer más por ti, eres *tú*. La relación suprema es contigo mismo y es importante mantener armoniosa esa relación interna. Para hacerlo, tienes que estar en un estado constante de auto-educación y necesitas sintonizarte con la fuente de quién eres realmente.

Se te dio la vida para que tuvieses la experiencia de la abundancia y el júbilo y si no estás experimentando eso, echa un vistazo a lo que estás haciendo para bloquearte. Entonces usa ese bloqueo como un escalón. No te deshagas de él: mejor úsalo –al igual que todo—como una oportunidad para edificarte.

*C*uando das de tu habilidad, tu júbilo, tus dones y tu creatividad, la gente que viene atrás de ti (que podrás o no conocer) podrán participar de las bendiciones que extiendas.

*E*s por tus actos que se te conoce.

El amor te despierta. El amor es para los que estamos aquí: para amarnos los unos a los otros, para estar los unos con los otros, para vivir en comunión espiritual.

*S*i empiezas a sentirte cansado, pregúntate si estás haciendo tu trabajo o el trabajo del Señor. Pregúntate si eres de los que "toman para sí". Pregúntate si estás peleando, tratando de aferrarte a algo que no es tuyo y nunca lo será. Una vez que empieces a obtener respuestas a esas preguntas dirás: "Ah, me olvido de tomar para mí; mejor doy de lo que rebose".

Es hora de regresar a tu corazón, dentro de ese lugar que es la esencia de quién eres, en ese lugar que continuamente vibra: "Soy amor".

*E*s tiempo de avanzar en la integridad de quien eres y celebrar el amor y el júbilo que residen dentro de ti. Es tiempo de extenderte y tocar a los demás, de compartir tu amor, de elevar a los que están enseguida de ti. Al hacerlo, harás de este mundo, un mejor lugar en el cual vivir.

*C*uando estés harto y cansado de estar harto y cansado: cambiarás.

*D*ate cuenta de la presencia divina que vive dentro de ti, como tú, y haz uso de esta toma de conciencia como tu trampolín a la conciencia superior.

*L*a meta suprema es la unión con Dios.

L a diferencia entre el hombre y Dios es que el hombre puede besarte en lo externo, pero Dios te besa en lo interno.

*E*l precio de la libertad es la vigilancia eterna.

Eres la Luz. Eres divino. Estás en un estado de convertirte en lo que ya eres.

*S*e requiere enorme valentía para ver la faz de Dios porque tienes que parar de desear, tienes que dejar ir todos los patrones del deseo y aceptar lo que es.

$\mathcal{N}$o puedes permitir que nada descortés entre en tu actitud mental hacia nada o hacia nadie incluido tu. En el instante en que lo haces, tu relación se sale de equilibrio. No hay emocionalismo, ni sentimentalismo, ni pensamiento con deseo en todo esto. Sencillamente te das cuenta que si identificas algo como inteligente o no inteligente, bueno o malo, amigable o no amigable, cooperativo o no cooperativo, así es precisamente como aparecerá, -ya que toda tu experiencia es el estado de tu propia conciencia, haciéndose manifiesta en tu experiencia externa.

*T*odas las cosas vivas son instrumentos individuales a través de los cuales el Espíritu piensa, habla, actúa y se revela a Sí mismo. Todos estamos interrelacionados en un acuerdo común, un propósito común y un bien común. Somos miembros de una vasta orquesta cósmica en la cual cada instrumento vivo es esencial para la interpretación armoniosa y complementaria de la totalidad.

La mente es para usarse ahora. Es un instrumento de percepción. Las emociones deben liberarse del ayer y usarse hoy. Son instrumentos para sentir. La mente y las emociones son herramientas para la percepción, sentimiento y acción. En este ámbito, son las que completan.

$\mathcal{P}$uedes ser honesto y verdadero contigo mismo sin hacer quedar mal a nadie.

$\mathcal{A}$ déntrate a las situaciones con lo que quieras encontrar en ellas. Si quieres encontrar Espíritu por doquiera que vayas, llévalo contigo.

*P*rende la luz de tu conciencia sobre ti y despiértate.

El Viajero es una faceta especial del Espíritu Santo. No te entregas a la fuerza que es El Viajero: lo eres ya. Es la Luz guía. Es tu propia guía interna.

*T*odo lo que tienes que hacer es ser La Luz y asistir a cualquiera que llegue a ti. Es como decir tres palabras mágicas: "Dios te bendiga". Entonces cada persona se pone a la altura del desafío de su propio yo, su propia Alma, su propia conciencia interna de Dios.

*L*a aceptación es una de las principales leyes del Espíritu y una de las leyes más importantes del desenvolvimiento espiritual. En el ámbito impersonal, aceptas todo lo que esté sucediendo. En el ámbito personal, seleccionas lo que llevas para formar tu vida y tus valores morales y espirituales y para apoyar tu verdadera búsqueda. Seleccionas las cosas que te funcionarán para tu bien mayor y expresión mejor.

A cepta tus errores, acepta tus actos, acepta cada situación como una experiencia de aprendizaje y un escalón. Al aceptarte y aceptar tu propia expresión, de verdad que vas por buen camino.

*P*ara apoyarte en la conciencia de Luz, es importante estar rodeado y en sintonía con la gente que también esté en una conciencia de Luz, o que se está moviendo en esa dirección. Hay muchas personas que están expresando una conciencia de Luz.

S iempre estás en tu propio movimiento del sendero interno del alma. Puedes juntarte con otra gente para que se asistan unos a otros como parte de este movimiento.

Tus preguntas, tus dudas y tus miedos no son amor viviente. Haz todo en nombre de Dios y empezarás a caminar directo hacia Dios.

*E*l nombre de Dios es amor viviente. Si, cada mañana dices: "Aquí voy, Señor: abre los brazos", podrás encontrar que el amor de tu vida te espera. Pero debes traer presente tu amor viviente.

M anifiesta el amor viviente.

*E*l amor viviente es amarte primero, para que puedas amar a otros. Es cuidarte primero, para que puedas ayudar a cuidar a otros. Es hacer las cosas que sean buenas para ti, para que seas feliz, sano y que sea un deleite estar contigo.

S i te duchas y cambias y te pones tu mejor colonia para olerle bien a tu esposo o a tu esposa, estás haciendo las cosas al revés. Cuando hueles bien para ti mismo estás manifestando el amor viviente. Estás limpio para ti, para el Espíritu que reside dentro de tu templo corporal.

El amor viviente es el servicio del momento. Para alcanzar la conciencia del Viajero, debes manifestar el amor viviente. Debes dar consistentemente en servicio viviente. No das por la recompensa de dar. Das porque dar es la naturaleza del amor. Haces lo correcto, sólo porque eso es lo que hay que hacer.

$\mathcal{E}$ xpresa amor hacia todos con quienes te encuentres.

Conviértete en el sirviente fiel de Dios, experimentando el gozo que viene con servir incondicionalmente. Podrás hacer cualquier cosa que se necesite en el momento, sabiendo que el servicio que se hace en amor, es la expresión más alta en el nivel físico.

*P*erdónate.

$\mathcal{E}$ncuentra el centro interno y deja que tu sabiduría se presente a partir de ese lugar. Aprende a trabajar a partir de una naturaleza no egoísta. Deja de lado este mundo y hazlo por la otra persona en el amor total de hacer.

U sa cada experiencia para despertarte.

*T*odo lo que realmente importa es que sepas que estás viviendo y respirando, que eres un estudiante y que te estás haciendo un mejor estudiante todo el tiempo. No me refiero necesariamente a tornarte en un buen estudiante en el ámbito externo; me refiero a ti, esa parte tuya detrás de los ojos. Me refiero a ti, el que está despertando a su yo superior, a su yo interno divino.

E stad donde estéis y sed quien sois, honesta, abierta y puramente.

*S*i puedes parar por un momento en tu pensar y tu búsqueda y escuchar el silencio, podrás empezar a darte cuenta de muchos planos de conciencia. Podrás darte cuenta de que estás en todos los planos de Luz simultáneamente. El truco consiste en aprender a ajustar tu conciencia donde quieres que esté.

*E*s importante tomar tiempo para ti cada día:
-tiempo para enfocarte en tu toma de conciencia
espiritual, tiempo para soltar las preocupaciones
físicas del momento y, de nuevo hacerte conciente
de que eres espiritual, de que eres divino, de que
eres, mediante tu Alma, una extensión del Dios
supremo.

A traviesa todas las experiencias que vengan a ti.

*E*xtiéndete y abraza al Viajero en tu conciencia interna. Reconoce esa forma como la esencia de ti mismo, tu Maestro Interno, que está más cerca de ti que tu aliento, más real que cualquier otro nivel. Reconoce que en el amor del Viajero, estás caminando directo al corazón de Dios y despertando a la forma pura del ser de Dios.

*D*ate la vuelta a tu Luz interna.

No juzgues tu proceso interno o externo. Que sea lo que sea. Usa cada experiencia para despertarte al mayor grado posible. Utiliza cada experiencia como una oportunidad para trabajar con La Luz y para ejercitar la conciencia Crística interna.

$\mathcal{U}$tiliza el tiempo de tu ejercicio espiritual para experimentar el "ahora" como el momento puro y perfecto que es. Si te preocupa un error que cometiste en el trabajo, olvídalo en el momento de tus ejercicios espirituales. No está ahora. Si te preocupa tu relación con tu cónyuge o amante, déjala ir. Sacrifica tu preocupación y usa la energía que hubieras puesto en preocuparte para elevarte más alto en el Espíritu.

*M*antén la corriente del perdón y del amor incondicional.

Sé sumamente egoísta acerca de obtener tu próximo nivel de desenvolvimiento espiritual. Ama a todos sin importar lo que sea. Ámate sin importar lo que sea. Preséntate diariamente al Espíritu. Ponte a disposición. Ven a la presencia del Espíritu.

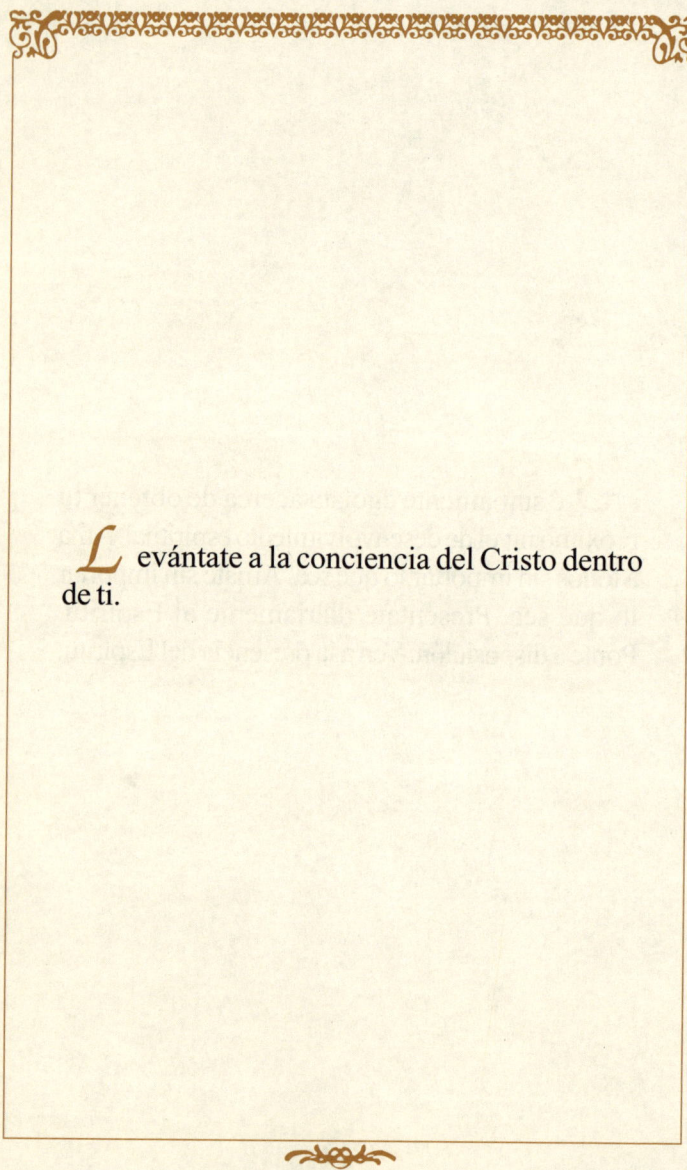

*L*evántate a la conciencia del Cristo dentro de ti.

Cuando hayas encontrado el todopoderoso adentro, que es la conciencia del Alma, ese poder habrá de trascender al mundo porque es el poder del generador supremo de Luz y amor. No es poder reflejado, que exista únicamente en reflejo. Es el poder de saber, el poder de ser. Es.

U sa toda oportunidad para crecer en sabiduría, entendimiento y empatía.

$\mathcal{D}$ ate cuenta que hay un gran viento que sopla del cielo y que este viento es Luz y sonido. En esta corriente de Luz y Sonido, puedes danzar por todos los universos. Puedes volcar tu conciencia a ello y saber que tú y la Luz son uno. Puedes saber que eres divino.

*S*ea cual fuere tu relación con otra gente—amante, cónyuge, amigo(a), colega, padre, madre, etc.—haz uso de tu conciencia de Luz para elevarles. Cuando traigas presente la conciencia de Luz mediante *actos* (no necesariamente mediante palabras) te encontrarás elevándolos.

Cuando el amor espiritual se expresa entre la gente, el mandamiento más grande que se puso en el planeta, se cumple. Este mandamiento es amar al Señor tu Dios con todo tu corazón y con toda tu mente y con toda tu alma, y amar a tu prójimo como a ti mismo. Dios reside en todos. Así que al amar al más insignificante y al más importante de igual manera, estás cumpliendo el mandamiento de amarlo a Él.

*A*l amar incondicionalmente, amas a Dios, amas al Espíritu y experimentas elevación perpetua.

*A*ma sin condiciones, sin ataduras. Las únicas ataduras son tu devoción a la Luz, a Dios, al Espíritu, a la conciencia del Yo.

*E*l amor podrá no ser mirar a otra persona, ni siquiera a tu bienamado(a). Amor es ver rumbo a las mismas metas.

$\mathcal{L}$ as respuestas a las preguntas que tienes ya están dentro de ti.

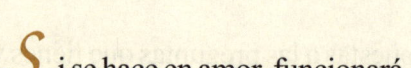

*S*i se hace en amor, funcionará.

*E*s importante recordar que en realidad no hay crisis o emergencias.

C uando permites que la mente se calme, las emociones se pueden estabilizar.

*E*l amor ve a través del corazón. Los ojos ven la superficie. Los ojos se sienten traicionados pero el corazón se satisface a sí mismo.

Cuando las cosas se renuevan en tu corazón, te empiezas a sentir maravillosamente con respecto a la vida. Te levantas con la actitud de "Buenos días, Dios", en lugar de "Dios mío, qué día". De hecho estás emocionado de levantarte de la cama y dar la bienvenida al día que Dios ha creado para ti y te das prisa para adentrarte en él.

*T*u experiencia del espíritu te permitirá clamar tu autoridad sobre tu vida y tu conciencia. Es la única autoridad que cuenta para algo.

El amor está presente todo el tiempo, al igual que el Espíritu anda cerca todo el tiempo. El amor proporciona la cohesión para cada faceta del universo. Sin amor, las cosas se desintegrarían; no habría forma mediante la cual algo pudiera expresarse. A veces el amor se expresa en formas que te son placenteras y a veces en formas no tan placenteras o que se entienden mal, pero el amor siempre está ahí.

Nada aquí está diseñado para herirte o dañarte. Todo es para que lo uses para elevarte al Espíritu. Todo señala rumbo a Dios. Todo es para tu beneficio.

*D*ios podrá estar usando tu familia, amigos, jefe o aún completos extraños para traerte disciplina, mas proviene realmente del Espíritu. El Espíritu te ama lo suficiente como para señalarte los errores que estás cometiendo para asistirte a corregirlos. Cuando puedes ver el amor *en* cada acto y *detrás* de cada acto, andas por buen camino para ver a Dios en todos. Puedes ver a Dios en todos y aún reconocer los errores de este plano y los aspectos que precisan mejorarse. Ambos no se excluyen mutuamente: coexisten.

E l Alma, el Espíritu interno, es perfecto y es una extensión de Dios en este nivel. La conciencia de este nivel está progresando continuamente. Si puedes despertar a la naturaleza dual tuya y de los demás, estás despertando al Espíritu en una realidad mayor.

*E*ntra a la calidez y generosidad del Dios dentro de ti. Ve adentro al Espíritu, a Dios, a tu propia naturaleza amorosa. No vayas adentro a ver tus emociones, o todo lo que verás será perturbación. No vayas adentro a ver tu mente, te seguirá empujando acá afuera y nunca verás nada más. Anda más allá de esos planos y te empezarás a mover dentro de algunos territorios gloriosos que tienen que investigarse aún.

$\mathcal{V}$e el amor en cada acto y detrás de cada acto.

*U*na y otra vez más regresamos a lo mismo: los ejercicios espirituales son la clave para tu libertad. Es mediante el proceso interno que adquirirás el conocimiento, sabiduría, fortaleza y claridad para salirte de estos planos mundanos y mudarte al Espíritu. Es la destreza más importante que puedas desarrollar aquí.

$\mathcal{H}$az lo que sea necesario para asumir responsabilidad por ti mismo.

La vida es toma de conciencia, la toma de conciencia es vida. El grado de tu conciencia es el grado de tu amor. Entre mayor sea tu conciencia, mayor será tu amor. Entre más te abras al Espíritu, verás más claramente y amarás más completamente. Cuando te tornes uno con El Espíritu, no hay separación de nada ni nadie. Sólo hay el amor por una sola cosa: tu yo divino, el Dios que eres tú y son también todas las demás personas y cosas.

La energía espiritual trae liberación y la liberación es la idea fundamental del alma. La liberación es la actitud interna de libertad. No es lo que hagas, es cómo lo hagas. Ahora mismo puedes decir: "Estoy libre de los grilletes de mis hábitos emocionales. Estoy libre de las adicciones de mi mente. Estoy viviendo una vida de preferencia".

$\mathcal{A}$dquiere la experiencia del Espíritu por ti mismo. No sustituyas la experiencia de nadie más por la tuya. No dejes que nadie más te interprete al Espíritu. Busca tu propia experiencia e interpreta tu propia experiencia. No necesitas que otros te digan lo que es tu experiencia. Nadie más podrá verdaderamente saber, y eso incluye a tu familia, amistades al igual que psíquicos y adivinadores.

*D*a de la bondad que eres. Da de la verdad que eres. Da del Espíritu que eres. La recompensa será que conozcas esos aspectos tuyos más profunda y verdaderamente. El Espíritu se te tornará más vivo y presente en cada momento, y caminarás de la mano con el Bienamado y te sabrás uno con Dios.

*V*e al Dios en todos.

*E*ntra en todas las situaciones y relaciones en un estado de amor, libertad y responsabilidad. Encontrarás que la vida te fluye más fácilmente.

$\mathcal{E}$ l Alma es la esencia de Luz y amor y Sonido y son éstas las esencias que te agitan continuamente. El Alma trae júbilo. Al expresar la esencia del Alma, demuestras el amor divino.

$\mathcal{L}$ lega al proceso de entendimiento y mantente en calma al mantenerte *conciente y directamente* sin dejar que tus caprichos te lleven adonde te llevan. Regresa a este momento continuamente y encontrarás que las tensiones desaparecen, las distracciones desaparecen y comenzarás a llegar a la calma ahora mismo.

*M*antén el orden dentro de ti.

$\mathcal{A}$quellos que realizan la conciencia de Dios son los que entran a ella, se mantienen en ella y la mantienen como la cosa que deben recordar siempre.

$\mathcal{D}$ ios vive dentro de ti como tú y tu cuerpo es el templo en el cual reside la majestuosidad de Dios.

*C*uando descubras que te estás perturbando por lo que alguien te hace o te dice y sientas como que te pisotearon los dedos de los pies, suprime tus emociones. Coloca tu lealtad de nuevo en tu Alma, en tus ejercicios espirituales, en la elevación de tu conciencia. Enfócate en el amor incondicional que sabes que puedes experimentar y expresar.

Cuando encuentras la verdad en cualquier situación, estás descubriendo a Dios. Cuando no buscas manipular lo que se te presenta, sino aceptarlo y lidiarlo, te estás conectando con El Espíritu.

$\mathcal{A}$ veces, podemos expresar el amor en formas que no necesariamente se aprecian. Mas si puedes darte cuenta que el amor es el mensaje esencial en todas tus comunicaciones, te irá mejor.

L a mente no es necesariamente una herramienta para el entendimiento. Es una herramienta para reunir información. El corazón espiritual es la herramienta para el entendimiento. Y el alma es la herramienta para la verdad.

*C*uando digo que se requiere mucha valentía para ver el rostro de Dios, es porque tienes que ver el rostro de Dios en todas las personas. Eso requiere mucha valentía porque continuamente tienes que sobrepasar tu personalidad, tus prejuicios y tus puntos de vista, hasta que reconozcas tu unidad con todas las demás personalidades.

$\mathcal{A}$ veces hacer nada es el mejor regalo que le puedas dar a alguien. Algunas veces tu mera presencia es el regalo más grande.

No crees separación al considerar que los cuerpos físicos están "allá". Velos como seres en manifestaciones de verdad, Dios y Espíritu, todos con la misma esencia que tu esencia. Entonces podrás amarlos a todos.

$\mathcal{P}$uedes mantener la conciencia de la Luz y de Dios presente en tu corazón por encima de todo. Cuando lo haces, te yergues como un faro de Luz para todos los que te rodean.

T odos necesitamos puntos de referencia. Todos queremos ver adónde vamos. Cuando eres leal contigo mismo, puedes desarrollar puntos de referencia internos de paz, de satisfacción y un sentido de merecimiento.

T odo lo que tienes que hacer es girarte hacia adentro para averiguar que El Viajero nunca se aleja. Está siempre contigo. Está siempre presente. Está siempre para ti.

*C*uando el Alma está presente, experimentas amor y gozo en todo lo que haces. Eres como un chico que canta y juega a lo largo de todo tipo de situaciones.

El amor puede aparecer en todo tipo de formas. Puede aparecer como disciplina. Puede aparecer como limitación. Puede aparecer como libertad. No tiene que tener sólo una expresión.

E stás en las manos de Dios.

*P*on tu lealtad para con el Alma y con la conciencia del Alma, justo aquí, ahora.

$\mathcal{T}$rae mayor gozo presente a tu vida, a cada momento, sin importar lo que pase a tu alrededor.

S é leal para tu próximo aliento. Ese tipo de lealtad te guiara a que veas la faz de Dios.

Sé leal para con tu propio bienestar y felicidad. Si atraviesas un período de infelicidad, mantente leal para con tu propia felicidad y te encontrarás retornando a la felicidad. Sé leal para con tu propia elevación para que si te deprimes un poquito, lo atravieses y vuelvas a regresar feliz y elevado. Sé leal a hacer ejercicios espirituales. Si se te pasa uno o dos días, tu lealtad a hacerlos se reafirmará y retornarás al proceso.

*H*az un hábito de ser leal a las actividades que sirven a la parte más elevada de ti y a las actitudes que te traen gozo y felicidad.

*C*oncéntrate en el amor, en el amor divino. Puede aumentar la circulación, aumentar el suministro de oxígeno, aumentar la vitalidad. Puedes sentirte de lo mejor: el malestar desaparece.

*S*é leal para con el amor dentro de ti por ti y por otros.

utre esas partes de tu expresión que sean positivas. Cuando vives a partir de una conciencia positiva, no puedes lastimarte. Cuando eres amoroso, nada puede dañarte.

$\mathcal{A}$ bre una brecha en tu interior que te lleve al amor y al gozo. Fomenta y nutre todos tus aspectos positivos. Mora en aquello que es bueno.

F ortalece las cosas buenas de ti. Tórnalas en tus hábitos, de manera que en momentos callados, sean las expresiones positivas las que vengan a ti.

C uando experimentes el amor dentro de ti y le permitas la entrada a otros para que puedan experimentar tu amor, encontrarás que tu amor crece.

$\mathcal{U}$tiliza todas las herramientas que tengas para vivir tu vida de la manera más efectiva y jubilosa que te esté disponible.

*L*a verdad está en todas partes.

El amar es la cualidad más importante que puedes fomentar en ti.

*C*uando eres leal a ti mismo, puedes desarrollar puntos de referencia internos de paz,
satisfacción y un sentido de merecimiento.

A lo mejor tendrás que perturbarte para poder darte cuenta de ti mismo y establecer un punto de referencia para tu progreso. Entonces puedes saber que por siempre estás ascendiendo en tu progreso espiritual hacia dentro del corazón de Dios.

*E*stás en el cuerpo físico, pero no lo eres. Estás en el planeta, pero no eres del planeta. Es una verdad y una paradoja que todo en lo que te habrás de convertir, lo eres ya mismo.

U na de las cosas que no tienes que hacer es procurar amor. Ya eres amor. Si no lo fueses, no estarías aquí.

S i Dios está de tu lado, ¿quién puede estar en tu contra?

*I*mporta muy poco lo que alguien más haga o haya hecho. Lo que importa es lo que estás haciendo ahora mismo.

*S*i te mantienes enfocado en el ahora, puedes tener un júbilo tremendo y divertirte mucho donde sea que te encuentres. Todo tiene que ver con tu actitud y tu actitud es tu elección.

$\mathcal{H}$ay al menos dos maneras en las que puedes pasar por la vida: la puedes pasar llorando o riéndote. Tú eliges.

C uando puedes mantener una actitud positiva, puedes aprender de cualquier situación. Puedes continuamente crecer y elevarte en conciencia y toma de conciencia y la vida puede realmente ser una experiencia bellísima.

$\mathcal{L}$ a Luz de tu propia conciencia es el regalo más magnífico que puedas darte, es la cosa más valiosa que existe. Tu expresión individual de Luz es tan valiosa en su perfección y belleza.

*U*na de las mejores formas de romper cristalizaciones es la risa. La risa expresa gran júbilo y trae a todos a un campo común de unidad.

$\mathcal{V}$e tu experiencia a través de los ojos del Maestro.

$\mathcal{D}$entro de toda ilusión, hay algo de verdad.

$\mathcal{R}$econoce el Alma divina dentro de cada persona que conozcas.

$\mathcal{E}$stás en el proceso de descubrir tu Bienamado, tu Alma.

*E*l mundo es tu campo ilusorio. Tu alma es tu realidad.

$\mathcal{D}$ entro de todo lo que sea físico y finito, hay un espíritu infinito.

$\mathcal{U}$na manera de regresar al sendero espiritual es ser honesto.

*U*na de las primeras señales de que te estás alejando de tu sendero espiritual es la expresión del chisme.

Cuando estás en duda, simplemente no actúas; te detienes hasta que vez tu dirección con mayor claridad.

*E*l camino ya te lo han preparado. Todo lo que tienes que hacer es caminarlo.

$\mathcal{D}$espierta tu voluntad. Cuando decides hacerlo, es tu elección. El Espíritu no presiona.

$\mathcal{T}$odo lo que tienes que hacer es avanzar y clamar tu herencia divina.

E stás aquí para adquirir el conocimiento de todos los planos de la creación.

¿ Para qué hacerle caravana a un pedacito de papel verde con gráficas elegantes cuando puedes tener a Dios y a la Luz y el amor y la energía del Espíritu para que te sostengan?

*R*ecuerda que eres un creador y aquello que creas tienes que cumplir.

E lévate y afiánzate primero antes de que trates
de elevar a alguien más.

*E*n última instancia, tú eres tu único juez.

No puedes estar aislado de Dios: únicamente puedes creer que lo estás.

*D*ios está en todas partes, en todas las cosas y en todos los planos de conciencia. Las cosas que parecen ser negativas son únicamente dispositivos de aprendizaje, no castigos.

$\mathcal{N}$o hay nada que controlar. Hay sólo un estado de ser.

Cuando el espíritu irradia de manera descendente, llega el momento en que te das cuenta que "Mi Dios y yo somos uno".

L a primera ley del Espíritu es la aceptación.

L a toma de conciencia del yo es un estado de movimiento, la toma de conciencia es actividad.

$\mathcal{D}$ios no te abandona: tú te abandonas a ti mismo.

$\mathcal{L}$ a naturaleza amorosa es la llave para todas las cosas. Cuando hables, no hables desde un lugar de dolor o carencia. Habla de un lugar de plenitud, de tu naturaleza amorosa.

*E*l viento que sopla del cielo es la Luz de Dios y eso es lo que llamamos El Cristo.

E l Cristo dentro de ti conoce al Cristo en otros. Para mucha gente, cl Cristo no ha aparecido aún. Para otros ya vino y se fue. Pero para los que habitan en Él, saben que el Cristo está eternamente presente.

Al llegar al entendimiento de que Cristo no es el hombre, que el hombre es del Cristo, empiezas a desenvolverte.

*C*uando cantas en sueños, ese es el idioma del Alma.

*T*oda Alma tiene el mensaje divino dentro de sí.

L a Navidad no se trata de intercambiar un regalo "afuera", sino de recibir el regalo del Cristo dentro de ti.

$\mathcal{R}$ezar es hablar con Dios. Meditar es escuchar la respuesta. Contemplar es ver el sendero de Dios. Los ejercicios espirituales son caminar el sendero hacia Dios.

$\mathcal{D}$ios te encuentra en el lugar de tu acción.

$\mathcal{E}$l corazón es el que hace el trabajo. Escucha al corazón. Te dirá con exactitud dónde vivir. Cuando te das vuelta hacia tu corazón, que está lleno de luz hasta rebosar, puedes conocer el gozo del Alma.

E l reino del cielo está adentro y ahí reside el Bienamado.

Eres el Bienamado.

*T*e puedes convertir en aquello que puedas sostener.

SOBRE EL AUTOR

de estatura internacional, con millones de libros impresos, JOHN-ROGER es una inspiración en las vidas de miles de personas alrededor del mundo. Por más de tres décadas, su sabiduría, humor, sentido común y amor, han ayudado a mucha gente a descubrir el Espíritu que mora dentro de ellos, logrando salud, paz, y prosperidad.

John-Roger tiene en su haber, dos libros—de los cuales fue coautor—que han ocupado la lista de éxitos editoriales del New York Times, y más de tres docenas de libros y álbumes de audio casetes sobre autoayuda. JOHN-ROGER ofrece extraordinarias introspecciones en una amplia gama de tópicos.

Es el fundador del (Movimiento del Sendero Interno del Alma) "Movement of Spiritual Inner Awareness" MSIA, el cual mantiene su enfoque hacia la Trascendencia del Alma; rector de la (Universidad de Santa Mónica) "University of Santa Monica" en California; fundador de los(Seminarios Insight) "Insight Seminars".

JOHN-ROGER ha dado mas de 5,000 conferencias y seminarios en todo el mundo, muchos de los cuales han sido televisados nacionalmente en su programa de cable (Lo Que Es) "That Which Is", a través del "Network of Wisdoms". Ha sido invitado especial en los programas de "Larry King Live," "Politically Incorrect," "The Roseanne Show," y aparece regularmente en otros programs de televisión y radio.

Educador y Ministro de profesión, JOHN-ROGER continúa transformando vidas, educando a la gente en la sabiduría del corazón espiritual.

Si has disfrutado este libro, quizás te convenga explorar los siguientes recursos, a través del Movimiento del Sendero Interno del Alma MSIA, en donde JOHN-ROGER ha servido como Consejero Espiritual.

Amando Cada Día (Suscripción vía Internet)

Citas de Amando Cada Día se te ofrecen en forma de un mensaje electrónico diario del MSIA, mensajes de elevación y pasajes de John-Roger o John Morton, Director Espiritual de MSIA. Con la intención de inspirar y apoyar, éstas citas te asisten a reflexionar en tu Espíritu Interno. Amando Cada Día está disponible en cuatro idiomas—Inglés, Español, Francés y Portugués.

La suscripción es gratis.

Para suscribirte, por favor visita nuestra página www.msia.org

Amando Cada Día

Por John-Roger

Amando Cada Día es un libro de meditaciones diarias que te asisten en el enfoque a descubrir mas sabiduría, verdad y belleza dentro de ti. Un manera sencilla de abordar y contactar la abundancia del Espíritu en tu interior.

www.msia.org

Damos la bienvenida a tus comentarios y preguntas.
MSIA
P.O. Box 513935
Los Angeles, CA 90051-1935 EE.UU.
1 800 846 1586
alma@msia.org
www.msia.org
www.lovingeachday.org